MANUAL de

GATILHOS

MENTAIS para

LEIGOS

Não entendeu?

Então compra!

SIDINEY COSTA

Pedidos deste livro ou da autorização de sua reprodução total ou parcial devem ser enviados à Rua Pedro Álvares Cabral nº 219 sala 201 Nilópolis RJ Cep:26525-051

Tel (21)2792-1500

Email: dineycosta@icloud.com

Ficha catalográfica

Costa, Sidiney.

Manual de Gatilhos Mentais para Leigos/ Sidiney Costa

1ª edição-Rio de Janeiro-do autor, 2019.

89 páginas

1. Autodidata

Índice para catálogo sistemáticol.

Autodidata

ISBN: 9781699991367

Aos meus pais, meus filhos, minha esposa e minha irmã. "Vocês são a sabedoria, a força e a beleza de minha vida."

INTRODUÇÃO

Não sei se já aconteceu isso com você alguma vez mas, antes de conhecer sobre as técnicas de gatilhos mentais, por diversas vezes, eu me vi comprando, seguindo, admirando, desejando, indicando, vendendo, doando, ligando para, algo ou alguém sem nem saber o porquê.

Pois é, meus amigos; existem palavras ou frases mágicas que podem realmente induzir nosso sub consciente (que é realmente um piloto automático) a nos direcionar a algo que realmente nunca pensamos, e tudo isso pode ser feito pelas famosas copywriting, que chamo de as "palavras que vendem".

EIS OS GATILHOS MENTAIS!

É como se o cérebro filtrasse quais decisões realmente precisam de uma atenção especial e, com as demais, ele simplesmente realizasse aquilo que já foi "educado" a fazer.

Percebemos diariamente que a competitividade entre pessoas e empresas só aumenta, e ter como ferramenta uma comunicação de persuasão com certeza coloca esses competidores em outro nível da escalada.

Esse livro não tem nenhuma pretensão de introduzir conceitos de neurociência, coaching, pnl ou estudos formais de qualquer outra "academia" a respeito do assunto.

Não!

O que se pretende, é elencar o máximo de gatilhos mentais existentes e apresentar, na prática, como podem ser usados, e, é dessa forma de abordagem utilizada, que surgiu o nome do livro. Realmente estamos apresentando o primeiro "Manual de Gatilhos Mentais para Leigos".

Porém, devo deixar claro que esse livro é para elevar seu nível nos negócios, ampliar seu mindset e, para que isso aconteça, você terá que perceber que a aplicação de gatilhos mentais deve estar dentro de contextos, com nexo causal.

Então não basta sair por aí escrevendo, ou falando, essas palavras mágicas (não gosto desse termo), você precisa saber como, quando e onde usá-las!

Para estruturar esse livro, utilizei-me da própria estrutura de importância natural dos gatilhos e, no primeiro bloco (bloco i), apresentei os gatilhos mais importantes, ou seja, de maior resultado, que estão ligados à sua credibilidade, os quais chamei de master mind e nos seguintes, como se fossem uma espécie de gatilhos complementares que estão relacionados à ativação da emoção apresentei os demais, e chamei de emotional mind (bloco ii) e por fim, apresentarei os gatilhos que estão ligados às justificativa da decisão de escolha pelo cliente e os chamei de logical mind (bloco iii).

Cabe observar que, o gatilho da empatia poderia estar no primeiro bloco, pela sua importância, e por sua entrega efetiva de resultados, porém, optei por manter essa divisão para melhor clareza!

Porque escrevi este livro

Verdadeiramente, decisões são tomadas primeiramente no inconsciente e, só depois, vêm à consciência, geralmente acompanhadas de uma justificativa racional!

Todos os dias tomamos mais de 40.000 decisões.Essas escolhas passam pela decisão de que em que lado da cama dormir, que horas acordar, que roupa vestir, que comida comer, que dieta indicar ou iniciar, atitudes rotineiras como caminhar, correr, que academia se matricular, ou até de ler esse livro! E, do mesmo modo que escolhemos fazer algo, escolher não fazer nada é também uma forma de decidir.

Todas essas decisões são baseadas em uma série de prismas, internos e externos, que estão relacionadas à personalidade, ao humor, à expectativa e etc, que despertam em nós um determinado desejo entre optar por decidir por uma determinada situação ou outra.

Certamente essas decisões também estão diretamente relacionadas ao consumo, à venda, ao fechamento de negócios, a consumir conteúdo!

Por isso, entender os critérios que levam as pessoas a optar por uma coisa no lugar de outra pode fazer toda a diferença na hora de elaborar a sua estratégia de comunicação.E, é nessa hora que entram os gatilhos mentais.

Minha história

Recuso-me! Você a entenderá, no último capítulo a origem dos gatilhos mentais.Então vamos parar de "enrolação" e vamos logo ao que interessa.

Sidiney Costa

AGRADECIMENTOS

A minha Avó Iolanda.

"Mivozin obrigado por toda a sua dedicação, por seu amor e por seu exemplo, com a senhora pude aprender o sentido da vida."

Sumário

"MANDA QUEM PODE, OBEDECE QUEM TEM JUÍZO"

BLOCO I

Gatilhos Master Mind

01-GATILHO DA AUTORIDADE

Você por acaso percebeu que, não só eu (fui exceção aqui) mas, quase todo escritor inicia seus livros contando um pouco da sua história, e que geralmente essa história mostra que esse escritor realizou feitos fantásticos? Pois é, não fica "puto" não, mas essa estrutura é proposital!

A gente já começa querendo persuadi-lo a ler todo nosso livro, ganhando autoridade! Afinal, caso você tivesse dois livros para ler, um de um escritor que já está no segundo livro, que já saiu em jornais e deu entrevistas, e outro, de um desconhecido, que não tenha sequer apresentado números de venda relevantes. Qual dos dois você escolheria?

Quase certeza que o livro do primeiro escritor! Simplesmente, porque nele há uma percepção de autoridade mais elevada.

Esse primeiro escritor, pode ser um tremendo "ctrc + ctrv", porém, se voce acreditar que ele é uma autoridade, você irá escolher o seu livro.

Agora você já pode entender porque seu YouTuber preferido, ou aquele seu Guru do Instagram fica o tempo todo apresentando seus "resultados" volumosos e, alguns chegam ao cúmulo de apresentar, uma vez por semana, os valores depositados em suas contas correntes?

Essa exposição não é gratuita, eles querem ganhar mais e mais autoridade! E é aí meu amigo, que pode estar um grande problema. Nem sempre esse Guru, Mentor, ou seja lá que nome for, tem realmente conteúdo para transmitir. Ele simplesmente permanece, o tempo todo, mantendo-se no seu radar através de técnicas de gatilhos, pré-lançamentos, loops e lançamentos de produtos que são mais dos mesmos, ou vazios, ou simplesmente cópias!

Basta você pegar confiança nesse "impostor" (palavra duríssima risos) que você vai segui-lo, por longos e longos anos, admirando e tentando fazer o que ele "prega".

Existe um outro gatilho, tão importante quanto este, mas que não terá, propositadamente, um tópico a parte, porque simplesmente acredito que os mesmos são altamente ligados!

Você encontrou aquela gata dos seus sonhos, bonita, cheirosa, sorriso maravilhoso, e ainda tem todas as características internas que lhe fazem se apaixonar e, logo logo você vai dizer para ela: EU NÃO VIVO SEM VOCÊ.

Pois é, os Gatilhos da Autoridade e da Especificidade vivem dizendo isso um para o outro.

Quer ganhar AUTORIDADE? A melhor forma é se tornar extremamente específico através de uma determinada história, um relato particular ou um exemplo real.

Na verdade, quem possui o dom de contar uma boa história, pode ter lucros absurdos, em qualquer segmento, uma vez que consegue prender a atenção dos seus clientes do início ao fim da sua campanha.

2 - Gatilho da Prova Social

"O outro é o nosso melhor espelho."

Na boa, sabe quem usa muito esse gatilho? Propagandas de filmes recém-lançados, simplesmente quando eles falam: assistido por mais de 2 milhões de pessoas...geral se pergunta: porque eu não vi ainda? Doido isso não é?

Outro dia, eu estava passando por uma rua deserta e cruzei com um cara parado na calçada, com a mão na testa, fazendo sombra para os olhos, olhando fixamente para o céu... o que você acha que eu fiz?

Parei claro e levei a mão à testa, fiquei olhando para o céu....

O cara era um tremendo de um maluco, e todo mundo que passava olhava para o céu, e, amigo, não tinha nada para ver (risos)...

Está aí uma Prova Social, que chamo também de "Efeito

Manada", é aquela tendência de decidir, fazer, resolver algo usando a referência de outras pessoas.

Além disso, temos necessidade de pertencer a grupos, que nos identifiquem como indivíduos, dessa forma, a prova social é um gatilho muito poderoso.

Sério, quando eu entro em alguns sites, e encontro diversos vídeos ou testemunhos de uma turma falando bem de determinado produto, eu já fico desconfiado, para mim realmente essas Provas Sociais são uma tremenda fraude que estão fazendo!

Provas Sociais válidas, são aquelas que vêm de ouvidoria, de pessoas que utilizam serviços, ou adquirem produtos, e fazem questão de mandar um e-mail agradecendo pela experiência!

Então, se você quer se utilizar desse Gatilho, sugiro que se utilize da "regra de ouro" do marketing de resposta direta - TESTE!

Você pode se utilizar do número de vendas registrado na internete, como um verdadeiro e grande Gatilho de Prova Social, o número de elogios ou aprovação numa Página

Social, ou de seu E-commerce também serve como uma bela Prova Social.

Voltemos aqueles Gurus da internete, os caras "vira e mexe" lançam aquele post no Instagram dizendo: citem aqui o cara mais foda do Instagram... claro que esses caras querem que seus seguidores lhes transmitam dois Gatilhos: o da Autoridade e, principalmente, o da Prova Social, repetindo por diversas vezes seus nomes nas postagens!

Talvez fosse desnecessário esse comentário, mas pela didática vale citá-lo. Acredito que o "Surubão de Fernando de Noronha" seja hoje o maior exemplo de Prova Social que possa existir, no momento. Todo mundo foi, todo mundo vai e todo mundo quer ir, até eu (risos)....

Acho que no parágrafo anterior seria melhor eu ter falado do TikTok, vocês já ouviram falar desse app? Eu aposto que sim. Afinal, o aplicativo de gravações viralizou sendo baixado mais de "zilhões" de vezes.

Essa é (ou era, até o momento que estava escrevendo esse meu bebê) a nova sensação do momento, sendo usado por diversos famosos, gerando curiosidade e uma enorme prova social para o aplicativo.

Alguns famosos como Vivi Guedes (se liga na Paola de Oliveira?), entre vários outros, usaram esse aplicativo para publicar um vídeo em suas contas no Instagram.

3 - Gatilho da Escassez

Quem nunca ouviu essa frase:

"Farinha pouca, meu pirão primeiro." (Sempre)

Ou aquela outra:

"Depois que me perder, você vai sentir falta." (Pior que sente. Risos)

Esse é um dos gatilhos mais usados no mundo! Os Mentores, Gurus, "Galáticos" da internete agora vão querer me matar! Porque? Ah! Porque eu vou ter que falar que aquelas "últimas vagas", nunca serão as últimas, que aquela informação dada que "será a última vez nesse ano que será feita aquela masterclass" é uma tremenda mentira meus amigos, elas não vão parar, pelo contrário eles querem é fazer mais e mais.

Então, agora se torna um pouco óbvio porque todos eles se utilizam desse Gatilho, porque você vai acreditar que aquela é sua última chance de ter algo, e que, caso não aproveite, você vai perder, automaticamente, e, de forma inconsciente, você irá se prejudicar, ou seja, sua dor é reforçada para você buscar o prazer, que é se dar a chance de ter algo!

Galera, é simples, o nosso inconsciente associa escassez a valor (diamante, ouro e afins...se ligou?). Ou seja, para nós, quanto mais rara é alguma coisa, maior valor ela tem.

4 - Gatilho da Urgência

De boa, na minha opinião esse não seria um novo gatilho, mas sim um "upgrade" do Gatilho da Escassez, pois a única variante nova que se apresenta aqui é o tempo.

Quando se estuda gatilhos, estuda-se comportamento humano, reações que o cérebro tende a ter diante de determinada informação que recebe. Então, se, algo se apresenta como escasso, ele já traz consigo uma determinada informação de urgência. Porém, essa informação pode ser mais clara (com um cronômetro) e é isso que os caras fazem para convencer você a fazer algo.

Preste atencao no seguinte, você está amarrado numa cadeira, literalmente preso, e do seu lado tem um pacote escrito DINAMITE, ao lado um cronometro em contagem regressiva...não preciso explicar mais nada, você entendeu o "game"? É assim que funciona, tanto na dor, quanto no prazer.

Imagina agora que eu coloquei esse cronômetro para meu cliente, apontando para uma oferta que está acabando, para uma cadeira vazia de um curso que vai ser ocupada.

O gatilho da urgência nos leva a tomar atitudes ainda mais inconscientes, pois ele limita o nosso tempo na tomada de decisão. Tudo entendido?

Com alguns gatilhos apresentados, nós já podemos entender como campanhas são construídas ou evoluem, conforme a resposta do cliente. Dá também para começar a entender algumas ações que tivemos, em algum momento das nossas vidas, e depois nos perguntamos o porquê de as termos tomado.

Uma vez, eu acompanhava um desses caras Guru da "mindset" pela internete, e não adianta pedir, que não vou falar o nome dele, ele não merece essa Prova Social!

De repente, um curso, que eu estava maluco para fazer, entrou com aquelas frases de Gatilhos da Escassez e da Urgência, e cara... eu comprei o tal curso!

Mas, o que você não está entendendo, é que eu estava numa fase negra de grana na minha vida, o curso foi caro demais, a ponto de levar todo meu limite, do único cartão de crédito que eu tinha...e, esse tal curso, seria realizado no próximo final de semana, em outro Estado. Sabe quando eu vi isso tudo? Logo depois que eu cliquei o botão "Confirmar Compra!"

Que raiva...Levei esporro em casa, pedi dinheiro emprestado, e aquela IMERSÃO não me serviu de nada, não tinha conteúdo nenhum para um upgrade, e mesmo que tivesse, não me serviria de nada, passei toda imersão pensando como sobreviveria até meu próximo pagamento.

5 - Gatilho da Prova

Quando eu comecei a estudar os gatilhos mentais, era muito difícil notar a diferença entre esse gatilho e o da Prova

Social.

Há quem diga que o Gatilho da Prova seja um dos principais para o alcance de bons resultados, caso bem utilizado, como também para o fracasso, ao errar a mão em sua utilização. Não! Não concordo, seria muito poder para um único Gatilho.

Você pode dizer que é o master, mega blaster mas se não Provar.... Bem, claro que tem uma galera que se utiliza de provas falsas, e isso acontece muito, principalmente nas mídias sociais, ou você nunca se surpreendeu ou ficou, deveras puto, quando viu aquele conhecido, que você sabe que não tem conteúdo nenhum, postando aquela foto e aquela frase de efeito como se fosse o maior Coaching surgido na história da humanidade?

E aquele que vai de "busão" todo dia para o trabalho, mas coloca aquela foto ao lado ou até mesmo dentro do carro de um amigo e diz: foi Deus Quem me deu!

Esse cara realmente entende de Gatilho da Prova.

Tenho uma Escola Técnica, chamada IMGTEC! Nos cursos de estética a gente sempre faz uma chamada e contrata pessoas como modelos, nas quais possamos aplicar nossas técnica, e talvez, quem não conheça, sobre os gatilhos, possa ver essa ação, apenas como uma ação necessária para se dar as aulas práticas.

Se as aulas fossem dadas e todos fossem para suas casas, tranquilos, sim esse raciocino estaria certo.Mas, o objetivo é fazer com que cidadãos comuns passem pelo que eu proponho a dizer que ensino; que eles vejam os resultados e passem por uma transformação estética, e que os alunos, aprendam e vejam o resultado de transformação da técnica ensinada.

Aí é que vem a "jogada". A gente colhe depoimentos de ambos, isso serve para apresentarmos uma Prova Social de que os resultados acontecem e uma Prova de que realmente ensinamos bem as técnicas que funcionam.

Estamos terminando esse bloco, e tenho certeza de que nem eu, nem você e nenhum Guru ou Mentor seja ele da Terra, ou de Marte teria a capacidade de dizer qual desses gatilhos é o mais importante.

Em negócios, vendas, necessidade de persuasão, o gatilho usado é tão importante quanto a estrutura, a sequência e a estratégia utilizada ao longo das campanhas, inclusive do seu funil de vendas.

Seu cliente pode estar entrando, pode estar no topo do funil ou já na fase do closer, no final, e você precisa entender esses momentos e se valer da melhor estratégia, junto aos gatilhos, para conquistá-lo.

A concorrência é brutal, mas tudo fica mais fácil quando você encontra sua VERDADE, é ela quem lhe dá VALOR de dentro para fora e aí fica fácil se tornar uma AUTORIDADE, ou criar EMPATIA e, eu do lado de cá, vou estar realizado, ao saber que numa linguagem descontraída, abordando um assunto sério, consegui me comunicar, de verdade com você, ao ponto de lhe ajudar a se encontrar, ao ponto de conseguir mostrar que é, ou se tornou, realmente uma AUTORIDADE no seu seguimento.

VOCÊ NUNCA TEVE CURIOSIDADE
DE SABER SOBRE O ASSUNTO
PECADOS CAPITAIS?

BLOCO II

Complement Mind

ATIVANDO AS EMOÇÕES

A ordem é ativar as emoções! Mesmo sendo tratados como gatilhos orbitantes aos mais usados (e por isso principais), os gatilhos que vou apresentar a seguir são aqueles que fazem efetivamente com que se decida por algo.

Quem trabalha com gatilho, trabalha com o conhecimento de que todos nós temos um ou outro Pecado Capital aflorado. Tem uma galera aí que tem todos (risos), mas vamos tratar apenas dos normais!

Pois bem, sabe aquela sonhada Ferraria, que dá vontade de sentar e correr, aquele cheiro da torta da vovó que provoca fome, aquela vontade, no sábado à noite, de estar com a conta abarrotada de grana, ou aquela vontade de não fazer nada para ninguém? É disso que estou falando! (PECADOS CAPITAIS dos bravos).

Você nunca teve curiosidade de saber sobre o assunto Pecados Capitais? Houve uma época da minha vida, que pesquisei muito sobre esse assunto, sempre acreditei que o ponto de partida para um grande negociador é conhecer o ser humano, como funciona o seu cérebro, e os Pecados Capitais nos ensinam muito sobre.

Então vou listar essas tão temidas emoções:

- Gula

- Avareza

- Luxúria

- Irá

- Inveja

- Preguiça

- Orgulho ou Vaidade

Esses sentimentos são considerados destruidores (vícios), e estão atrelados aos instintos humanos, e nisso estão as suas forças, porque elas são consideradas as Paixões Humanas e, em sendo paixão amigo, já viu, elas o levam a ações nunca antes pensadas.

Para a estratégia ficar mais hard, recomenda-se sempre pensá-la aguçando pelo menos duas paixões dessas: preguiça e medo, gula e inveja, luxúria e vaidade!

Presta atenção: seu vizinho chega em casa de repente com aquele Camaro Bobobee (risos), amarelo e preto, você sai no portão e o "meninão" desce de óculos escuro, na melhor roupa que você já viu... aí você pensa: como pode, até ontem ele estava de fusca e pedindo uma grana emprestada? A primeira coisa que você vai achar é que ele está roubando (risos), vai chegar em casa e falar com a sua mulher: o vizinho da casa aí do lado está roubando!

Passado esse momento, na pelada do condomínio, você vai fazer de tudo para saber o que ele está fazendo, o que funcionou na sua vida, o que lhe trouxe resultado. Não tem jeito, como sempre me diz um familiar: Vai ser sempre assim!

6 - Gatilho da Imaginação

Um dia eu vi um filme, não lembro o nome dele agora, mas se lembrar até o final desse livro eu juro que apresento seu nome, nem que seja na última frase da última página, em que um ator (fraquíssimo diga-se de passagem), em determinado momento, começa a confundir a realidade, passando a não saber se suas memórias são reflexos de vivências reais ou imaginativas.

O gatilho desse capítulo tem tudo haver com esse filme. Justamente porque nosso cérebro não consegue diferenciar uma memória ou uma imaginação, de algo que realmente aconteceu, porque se estamos imaginando um objeto, uma sequência de neurônios, de padrão de vivências, vão criar uma representação. (Gastei conhecimento científico agora risos).

O gatilho desse capítulo tem tudo haver com esse filme. Justamente porque nosso cérebro não consegue diferenciar uma memória ou uma imaginação, de algo que realmente aconteceu, porque se estamos imaginando um objeto, uma sequência de neurônios, de padrão de vivências, vão criar uma representação (gastei conhecimento científico agora risos). Você imaginou ou leu um parágrafo repetido? Teve que ler novamente o de cima para ter certeza, não foi?

Logo, o poder da imaginação é fortíssimo, basta lembrar do primeiro encontro com aquelx que você considerava x mais gatx da 5a. série (x=o ou a), no meu caso eu imaginei tanto, imaginei tanto, que já tinha até feito mil coisas com a gata, antes mesmo de beija-la, e olha que eu contava para a galera toda aquela imaginação, como se tivesse realmente acontecido risos (mas, na verdade, nem o encontro rolou!).

Esse negócio é tão doido que se pode criar imaginações no passado (menos comum), bem como, no presente e no futuro (mais utilizadas).

Chegou a hora, as luzes do teatro estão acesas, lotação esgotada, você chega com seu melhor smoking, cabelos molhados, barba feita, e ouve seu nome sendo gritado, as luzes se apagam a banda começa a tocar, as cortinas se abrem e você, o maior astro do rock de todos os tempos, entra como microfone na mão!

Você estava lá não é? Percebeu as luzes, sentiu sua barba bem feita e a gravata apertada no pescoço. Pois é, eu poderia ter levado você para um ambiente de guerra, de paz, da Lua ou de Marte amigo... é isso mesmo de Marte!

Então essa é simples, você já percebeu, é só trazer riquezas de detalhes que seu cliente vai ser conduzido pelo ambiente que você desejar.

Tem uma frase que uso frequentemente: choro até vendo comercial de margarina!

Café da manhã maravilhoso, roupas confortáveis, todo mundo magro, sorridente e de dentes brancos, que dói, esse tipo de comercial é comum no Mundo todo, é a propaganda criando no público, que quer atingir, uma sensação de que será real aquela vida ao se comer margarina no café da manhã.

Sabe o que eu faria ao final dessa propaganda? "Bancava" um comercial de uma rede de supermercados, se fosse dono de uma, colocando a margarina na promoção ou colocando a promoção da margarina nos últimos dias! Sou mal? Nada, eu quero é vender! (Risos).

7 - Gatilho da Quebra de Padrão

Você vem descendo a página sossegadamente, utilizando sua barra de rolagem no Facebook ou no Instagram e de repente entra aquela imagem colorida com a seguinte frase: Invista certo e ganhe 1.000.000,00 em 1 ano!

Aquele monte de zeros piscando, anuncio em cores vivas, totalmente diferente das imagens anteriores. Este anúncio chamou sua atenção por estar FORA DO PADRÃO!

Aí está o gatilho que lhe prende, quando está numa situação de "consumo rotineiro ou padrão" nas mídias sociais, esses anúncios lhe fisgam e prendem sua atenção para uma leitura mais detida e realização de pesquisas sobre o que estão falando ou sobre quem está falando!

Tem uns caras aí, sem noção, utilizando sons, imagens, cores em suas postagens que nada têm a ver com a mensagem que querem transmitir na sequência, achando que o esse gatilho se resume a chamar atenção.

Não!

Colocar um anão, plantando bananeira, pelado, na praia, e em seguida falar de bolsas de ensino, tira totalmente a CREDIBILIDADE da sua estratégia de comunicação, dica boa: FUJA DISSO AMIGO, BUSQUE SEMPRE A COERÊNCIA!

8 - Gatilho da Curiosidade

Passei anos da minha vida acreditando que esse gatilho fosse similar ao da Quebra de Padrão, até o dia que alguém me disse a seguinte frase: INFELIZMENTE NÃO POSSO DIZER PARA VOCÊ!

Sentiu o poder? Isso realmente é poderoso!

Imagina! Porque você não pode me dizer? Agora, quero saber! Cuuuuriiiiooosidaaaadeee, queria que você pudesse me ouvir, para saber o quão lento falei essa palavra agora.

Enquanto, na quebra de padrão, eu tento de tudo para chamar sua atenção, nesse gatilho chamar atenção é um detalhe, porque eu quero é prender você com aquilo de mais impressionante e comum no comportamento humano, o desejo de descobrir algo.

E é aqui que moram os famigerados "LOOPS".

Pense na seguinte situação: eu tenho um segredo a lhe revelar, mas para isso acontecer você tem que esperar um vídeo, uma história, uma aula, um livro ou uma novela terminar.

Está cheio de "maluco" por aí fazendo isso nas mídias sociais. O "bonzão" fala que você terá acesso a uma determinada "sacada única" (a fórmula da Coca-Cola), algo de outro planeta, que o colocará em condições de vantagens, e que ninguém mais sabe. O que você faz? Fica diante da tela roendo as unhas!

Eis um dos grandes mistérios dos sucesso de grandes seriados da Netflix, aliado ao próximo Gatilho que é o da Antecipação... a seguir, veja cenas dos próximos capítulos. (Risos).

9 - Gatilho da Antecipação

Um poderoso gatilho, mas sinto que você não está preparado para ele nesse exato momento, vou trazer mais informações específicas sobre ele no próximo capítulo. O mais importante, é que ele vai resolver um grande problema em sua vida.

■ ■ ■

■ ■ ■

■ ■ ■

9.1- Gatilho da Antecipação

Pronto, você já conhece esse Gatilho! Problema resolvido! (Risos). Perdoe-me pela didática, mas se eu estivesse em uma sala de aula me utilizaria da mesma deixando para próxima aula explicações sobre esse gatilho, acredito ser a melhor forma de fazer entendê-lo.

Se no capítulo 9 em poucas palavras eu agucei a sua curiosidade e fiz você pular 3 páginas em branco para, correndo, descobrir o que era o Gatilho da Antecipação, imagina o que você pode fazer na sua estrutura de comunicação, ou pior imagina o que algumas pessoas têm feito com você ao longo de anos para manter sua audiência?

10 - Gatilho do Medo

Assim como qualquer tipo de emoção, o medo pode ser

utilizado para o bem. Imagina uma avenida cheia de carros em alta velocidade! É o medo que faz com que você não a atravesse e, consequentemente, sobreviva! Agora imagine que sua mãe mora em outro pais e, por medo de avião, você está há anos sem a ver!

Pois é, o medo pode tanto fazer você sobreviver, como também lhe paralisar.

Todos temos medos, de comer algo ruim, medo de ficar ou se sentir só, medo da dor, da morte. Medo! Medo! Medo!

Eis que de repente você está diante de uma televisão e entra o anúncio: se você também acha que seu filho pode ser maltratado no seu colégio, veja esse vídeo atentamente...Eu paro na hora amigo, mando até a visita ficar quieta, na sala.

Essa estrutura trabalha realmente seus medos, mas é preciso atenção, pois depois de um alerta sério desses não se admitirá inverdades, ou uma mensagem vazia, tampouco se recomenda a utilização desse gatilho de forma repetida, a estrutura mais utilizada, quando se elabora uma ação com Gatilhos Mentais, é a seguinte: curiosidade, quebra de padrão, abertura de loops e medo.

Cabe aqui uma dica para a vida, controle suas emoções,

principalmente seus medos. Há uma grande distinção entre aquilo que se pensa (se cria, se imagina) e a realidade. Foque no que vê, naquilo que se vivencia, essa dica sempre me ajudou muito.

11 - Gatilho Dor x Prazer

Fora aquela galera "sadomasoc", todo mundo corre da dor, e busca o prazer. Mesmo odiando essa expressão vou ter que falar: óbvio....

Até aí tudo bem, criar estruturas de leitura que vendam o prazer para seus clientes, como também aqueles que tenham como padrão livrar os mesmos da dor. Mas, ainda bem, caso assim não fosse não estaria aqui escrevendo esse livro, não é só isso.

Vamos falar de resiliência...De forma bem simples,

Resiliência é a capacidade que cada um tem de se adaptar a determinada situação!

Mas, será que existem pessoas resilientes a dor? Exceto aquela galera "sadoc", citada no início desse gatilho, que sente prazer na dor, qualquer um, em estágio de dor, passa a buscar se livrar da mesma, de qualquer forma, e é na hora...(risos). Se não eu grito....

Sendo assim, qualquer um, diante da dor, tende a ter reações imediatas, enquanto diante da necessidade de prazer apresentam um controle maior, para sua obtenção!

Qualquer um com a ponta fina de uma faca no peito busca a todo instante se livrar dessa situação, e qualquer um consegue esperar um pouco, para transar depois do jantar oferecido.Dessa forma, uma galera de copywriters se utilizam mais de estruturas que incomodam (com a dor) do que as que transmitem prazer, para obter reações imediatas.

Então, é assim:

"Está com nome sujo, perdeu o emprego e não sabe o que fazer, o Serasa lhe ajuda a parcelar suas dívidas em doze vezes sem juros e melhorar sua vida, liberando seu nome para obtenção de um novo empréstimo."

Tenho asco pelo gatilho anterior! Claro que, em sendo um player do mercado, entendo que é do jogo se utilizar dessas ferramentas maravilhosas de comunicação, que são os gatilhos, para potencializar a realização de negócios e vendas, mas não curto muito me achar agindo como um

URUBU me beneficiando em cima de situações traumáticas e de desespero de alguém!

Não vejo com maus olhos as propagandas engraçadas feitas por funerárias e cemitérios, mas vejo com muito maus olhos campanhas aproveitadoras que não estão nem aí para afundar ainda mais o psicológicos daquele que se deseja fisgar, pouco se importando com a sua condição de fragilidade. Mas não posso recriminar quem faz, cara é do game!

12 - Gatilho do Compromisso e Coerência

Eita... (risos). Vou ter que explicar esses gatilhos contando uma história engraçada ou polêmica no mínimo.

Minha formação religiosa é a católica, mas não desgosto de nenhuma outra, a não ser aquelas que deixam sobre o seu livre arbítrio a possibilidade de fazer mal a outrem, ou até mesmo o ajudem para isso, religião que é religião, no meu entender, não pode se prestar a esse tipo de desejo primitivo humano.

Mas enfim, numa época aí da minha vida que estava mal, mas muito mal, de grana, de psicológico, de tudo o que possa imaginar, comecei a rodar por diversas "casas religiosas".

Certo dia, fui a uma Igreja Evangélica, cuja denominação não importa, e, em certo momento do culto, já estava tão ambientado que me pus a louvar, a orar e a adotar todas as expressões e linguagens dos seus membros, como se já o fosse há anos. Cada palavra do pastor era um grito de "amém" repetido, alto e em bom som. Até que, em determinada parte do culto, o pastor pediu para que todos que estivessem ali, pela primeira vez, levantassem as mãos. E por que não fazer? Eu pensei! Estava totalmente envolvido pela energia daquele ambiente...levantei as mãos!

Em seguida, ele pediu para que, aqueles que levantaram as mãos, se dirigissem ao altar.Eu estava de olhos fechados, abri o primeiro, em seguida o segundo e ali eu titubiei...(risos). Cara vou ou não vou? Acho que recebi algum incentivo de alguém que estava ao meu lado, criei coragem e me dirigi com mais alguns visitantes novatos neófitos ao altar!

O tom das orações se elevaram, mãos estendidas sobre nossas cabeças, nossos olhos fechados e a impressão de que todos nos olhavam, eis que surge a ordem: aqueles que estão aqui e estão dispostos a aceitar Jesus digam sim, amém!

Ora, se eu estava ali, claro que eu já tinha aceitado Jesus.

Ora, como não dizer agora que não aceito a Jesus? E os demais que estariam me olhando, o que pensariam? Não havia outro jeito, nem se eu não quisesse aceitar, então eu disse "Sim", amém!

Gerei compromisso, com Jesus, acho que esse já existia, mas agora também tinha gerado com toda aquela Congregação! Houve pedido de uma salva de palmas, vários, gritos de amém se seguiram e em todos ouvimos um lindo louvor de salvação!

Sério isso? Eu me perguntava, e agora o que vai rolar? Você já pode imaginar meu amigo? Clarooooo, COERÊNCIA!!!!!

Ações, vestes, palavras e muito, mas muito mais, incluindo reuniões as quartas-feiras, sábados e cultos aos domingo, visitas a residências de irmãos afastados (cadê o Compromisso e a Coerência desses irmãos gente?), estudos bíblicos e testemunhos e testemunhos e testemunhos....

Está aí, nesse padrão de "arrebanhamento" de membros e de evangelização uma perfeita estrutura para exemplificar o Gatilho Compromisso e Coerência.

E o mercado, mercado mesmo, o que geralmente faz? A estrutura mais utilizada é aquela em que se busca o

Compromisso dos clientes, realizando perguntas, cuja resposta não pode ser outra a não ser o "sim", a perfeição da estrutura ocorre mesmo quando é o triplo "sim", conforme o exemplo a seguir:

"—você está disposto a investir na sua carreira?

—Sim

—Mesmo que para isso você precise se dedicar um pouco mais a assistir vídeos do nosso canal?

— Sim

— Ainda que esses vídeos sejam apresentados em determinados horários e quantidades de vezes por mês, sendo todos eles pagos e obrigatórios?

—Sim"

Três Sim? Aí é mole filho! COMPROMISSO feito, agora é só fechar!

"Então, você pode se considerar pronto para fazer parte da nossa turma MasterClass e a frequentar aos nossos eventos de imersão, pelo período de 2 meses, conquistando seu certificado de........., para concluir sua matrícula, aperte o botão de ACEITO e coloque o número do seu cartão e o código de segurança! (COERÊNCIA)"

Feito!

13 - Gatilho da Empatia

Você por um acaso já ouviu falar em Erro de Halo?

Esse é um termo criado pelo psicólogo americano chamado Edward Thorndike, que afirmava que o cérebro humano julga, analisa e tira conclusões de uma pessoa a partir de uma única característica, e formula um estereótipo global do indivíduo com este único fator — como aparência, vestimenta, postura, fala e etc.

Assim, a gente já pode começar a entender aquele chefe "comigo nunca aconteceu isso não hein!" (Risos), que desde o primeiro dia de emprego não vai com a sua cara, fica lhe perseguindo e nem se preocupa em saber como realmente é enquanto profissional e ser humano! Sabe o que esse chefe fala, nos almoços com amigos, sobre você?

—Não sei porque na não vou com a cara delx....

Realmente você não gerou EMPATIA com seu chefe!

De todos os gatilhos, o da Empatia é aquele que mais lhe aproximará do seu cliente.Talvez por isso muitos o considera aquele de maior poder de resultado.

Verdadeiramente, não há dúvida nenhuma que prefiro fazer negócio com quem eu gosto, quem tenho empatia, logo, em quem confio.

Existem diversos estudos relativos a comportamentos corporais para se criar a sonhada Empatia. Não cruzar os braços (para não se fechar), sorrir, olhar nos olhos, apertar firmemente as mãos, se curvar à frente do cliente em movimento de aproximação, são uns deles.

Os Pnlistas se utilizam muito de uma técnica denominado Rapport, para criar empatia.Nas palavras de Anthony Robbins Rapport é:

"A capacidade de entrar no mundo de alguém, fazê-lo sentir que você o entende e que vocês têm um forte laço em comum. É a capacidade de ir totalmente do seu mapa do mundo para o mapa do mundo dele. É a essência da comunicação bem-sucedida."

Ora, anteriormente já falei sobre a busca da sua VERDADE para entrega-la ao seu cliente! Este movimento, no meu entender, sendo bem realizado, com coerência e sinceridade, é a melhor forma de se criar uma sólida

EMPATIA!

14 - Gatilho da Identificação

No seu contato com as pessoas, no dia-a-dia, você se identifica com as pessoas em três níveis:

● Puramente superficial, é bem similar a aquela relação com um colega de trabalho com quem você troca uma ideia quando se encontram no hall do cafezinho, são meia dúzia de palavras e um silêncio subsequente, até a fatídica pergunta: será que vai chover?

●Aquele mais profundo, onde valores e crenças se encontram, aí já rola um almoço no meio do expediente, um fim-de-semana com as famílias em um hotel fazenda, e, nesse caso, há troca de confidências, bem como, uma conexão precisa e uma verdadeira troca entre as partes.

●E aqueles aprofundados por completo, em que você não sabe o porquê de ser fã dele ou ele de você. No seu entender o cara é um fera, apesar de não saber quase nada da vida pessoal dele, você o admira profissional e eticamente; as roupas são legais, o estilo coerente, você "fecha" com a pessoa ou ela com você.

Isso também acontece no mundo dos negócios.

É preciso criar uma identificação com seus clientes, seja ela superficial, para começar, mais profunda, ligando-se por valores e crenças ou, como acontece geralmente na política, quando a ligação acontece de forma direta com você, nesse nível você terá seguidores, como os "Bolsomitos".

No primeiro caso (identificação superficial) você pode conquistar essa identificação ao estruturar uma campanha que apresente seu produto como um representante regional, ou o segmentar por profissão ou atuação social.

No segundo caso (identificação mais profunda), depende-se de uma profissionalização da estrutura, efetivamente, nesse caso, se faz necessária a contratação de um copywriting, que estude suas causas e crie uma estrutura de comunicação própria.

No terceiro caso (identificação pessoal totalmente profunda) geralmente ocorrer quando se cria identificação pela defesa de uma causa ou por um objetivo grande e comum, a ordem da estrutura é de se utilizar sempre que possível o pronome NÓS.

15 - Gatilho da Personalização

É bem estranho quando minha mãe me liga e fala: filho, li seu horóscopo e está muito bom, para fechar negócios e assinar contratos, ele está dizendo ......

Seguinte, são 12 signos, caso não esteja enganado, vamos dividir apenas a população do Brasil por 12, imagina que com cada um do conjunto de milhões de brasileiros de Áries, como eu, a semana esteja maravilhosa para assinar contratos. E para o povo da China que não tem ninguém de Áries (lá tem outro horóscopo não é?), será que não rolou contrato nenhum para assinar? (Risos).

Mas, não posso culpar minha mãe. Coitada! A estrutura de comunicação das previsões de horóscopos são muito agressivas, usam diversos gatilhos, principalmente o da Personalização. Capaz de eu ler aqueles e me impressionar e acreditar que algo ali escrito realmente vai acontecer.

Mesmo sendo lido por milhões de pessoas, e sendo também utilizado como fonte de previsão de futuro dessa galera toda, quando lemos o horóscopo ele parece que foi feito para nós, simplesmente porque a base da estrutura de sua escrita se dá utilizando o Gatilho da Personalização, principalmente com a utilização do pronome de tratamento VOCÊ.

Esse pronome tem um poder incrível de personalização! Nessa época, em que se utiliza robôs para efetuarem comunicações automáticas, a tendência é se distanciar desse gatilho!

Existem já algumas ferramentas, principalmente CRM, que possibilitam se aproximar mais do cliente, personalizando comunicações realizadas, chamando os clientes por seus nomes, citando uma determinada ação realizada ou não por ele (por exemplo, vimos que você entrou em nossa página, mas não concluiu sua compra, em que podemos ajudar?), e até mesmo descobrindo algumas características próprias deles, conforme páginas seguidas no Facebook ou curtidas nos Instagram, sendo utilizadas também essas informações demonstrando que se conhece suas preferências.

O pior erro, nesse tipo de personalização, ocorre quando se exagera na "tinta" e o cliente passa a sentir sua privacidade invadida, haja vista que uma série de informações sobre ele começam a ser reveladas como conhecidas por sua empresa!

Atenção a ética, nenhum gatilho consegue substituir a sua falta!

16 – Gatilho da Repetição

"Não tem preço".

Tenho certeza que, quando você lê essa frase automaticamente a imagem do MasterCard vem a sua mente!

Assim como essa, varias outras frases, músicas ou personagem se eternizaram nas mentes de diversas gerações! Quem não lembra do "tio da Sukita", do "Varig, Varig, Varig, Cruzeiro, Cruzeiroooo", da música das "duchas Corona" .... Uma estrutura bem feita, repetida por varias vezes, eis o segredo da eternização ou, em menor pretensão, da fixação de sua marca, da sua campanha ou da sua mensagem na memória do seu cliente.

Então, quando puder, repita, repita e repita! Aqueles nossos famosos "senhores das sacanas", repetem seus videos, suas mensagens, seus padrões, repetem o máximo que podem, buscando fixar e criar aproximação.

17 – Gatilho da Novidade

Tudo tem passado tão depressa, que até gatilhos mentais podem ir ficando pelo caminho, como a Blockbuster ficou.

O que seria uma novidade hoje, amanhã não é mais. Esse conceito é bem entendido por todos. Mas, vou além; o que seria uma novidade hoje? São tantos produtos!

Antes da internete, as criações demoravam décadas, porque os processos de criações não são aqueles que imaginamos, à luz não foi descoberta, da noite para o dia, depois de um determinado insight, descobertas ocorrem se juntando conhecimentos, próprios ou aos de outros, ou seja, eu conheço sobre determinado assunto e você sobre outro, quando nos comunicamos, nossos conhecimentos são trocados e daí surge uma nova ideia, assim hoje a velocidade é extremamente maior, porque posso juntar, através da internete os meus conhecimentos de Gatilhos Mentais, às Técnicas de Comunicação de um chinês, com as Técnicas de

Vendas de um Indiano e as Técnicas de Marketing de um ucraniano, pela internete e dai surgir uma nova grande Técnica de Persuasão Mental nunca antes explorada.

Assim, o Gatilho da Novidade só prevalece se adentrar a criação de um produto, ou apresentação desse produto como sendo ÚNICO.

Alguns players, como a Polishop, especializaram-se nisso. Eu tenho um exemplo muito bom de novidade, aliás dois, com os quais costumo fazer uma brincadeira!

O primeiro são as facas Ginsu que tudo cortam, veja o nome e a qualidade da faca, são realmente um produto com características de novidade eternas...

O segundo são as meias-calças Vivarinas que nunca

desfiam.

Imaginem uma luta entre as Facas Ginsu e as Meias-Calças Vivarinas quem corta e quem não é cortado. (Risos).

As apresentações dos produtos das Organizações Tabajaras, da Turma do Caceta e Planeta, são os maiores exemplos de uma estrutura que se utiliza do Gatilho da Novidade, vejam a seguir a sinopse do livro (catálogo) de todos os produtos desenvolvidos pelas Organizações Tabajaras, e veja se não é um banho de Gatilho da Novidade, e se alguém algum dia poderá superar esse produto:

"Está de saco cheio de ser assaltado?

Bebeu todas e acordou com uma baranga do lado?

Cansada de dietas milagrosas e remédios que alucinam mas não diminuem suas medidas?

O novo livro da turma do Casseta & Planeta é a solução.

Seus Problemas Acabaram! Traz os mais absurdos, divertidos e politicamente incorretos produtos desenvolvidos pela Organizações Tabajara, numa verdadeira Bíblia para o consumidor moderno.

Tem o Personal Assalter, uma revolução em matéria de segurança pessoal, o Camapulta Tabajara que elimina a mocréia antes mesmo dela te dar bom-dia, o Adesive Plus Emagraceitor que acaba definitivamente com a localização de suas gorduras localizadas; além de uma infinidade de produtos indispensáveis como o incrível vídeo instrutivo: Como ganhar mulheres sendo feio, burro, pobre e sem carro, que oferece variadas técnicas de atração cientificamente comprovadas, capazes de despertar a beleza interior de seu ser!

Neste livro o leitor vai encontrar a solução definitiva e para sempre de todos os seus problemas pessoais, sexuais, intelectuais, profissionais, hormonais e outros ais. Vai resolver também os problemas de sua família e as grandes questões existenciais da humanidade."

Alguns especialistas dividem as estruturas que utilizam o presente gatilho em 5 níveis, em função de tudo o que acontece na internete hoje. Só consigo conceber esse gatilho funcionando se a comunicação for nesse sentido, personalizado e único, incluindo o nome e características "Megablaster".

18 - Gatilho da Reciprocidade

"Fazer o bem sem olhar a quem"

Essa é a pegada desse gatilho!

Os "galáticos" do marketing digital adoram esse gatilho. A ideia é que toda ajuda recebida, gera uma gratidão, uma espécie de dívida moral criada pelo cérebro, o que gera a necessidade de retribuição.

Esse gatilho me leva as interpretações comportamentais de Nietzche, não sei se você já leu o livro "Quando Nietzche chorou", aliás uma excelente leitura, resenha:

"Nesse livro, Yalom narra o nascimento fictício da psicanálise. O Doutor Josef Breuer é chamado por Lou Salomé para tratar de seu amigo atormentado Friedrich Nietzsche. ... Nietzsche confronta Breuer com sua doutrina do eterno retorno."

Para Nietzsche ao recebermos ajuda, passamos a ficar numa posição inferior ao ajudados, o que nos faz buscar retribuir, e se não, permanecer em estado de dívida, para que, em retribuindo, retornarmos a condição se superioridade, passando agora a necessidade de retribuição ao novo ajudado! Ufa... é louco, mas é, com menos caricatura, o que acontece em nossos cérebro ao, por exemplo, podermos baixar de forma gratuita um download de um determinado e-book, de um determinado blog. Diversos internautas, sentirão a necessidade de retribuir comprando algo do blog.

Nas campanhas que realizo, em meus negócios, busco sempre dar o maior número de informações aos meus clientes, bem como, vantagens reais e gratuitas, para que realmente confirme o nosso DNA de parceria, afetividade e vontade de proporcionar a melhor experiência. Acreditamos que dessa forma criamos a sensação verdadeira de reciprocidade e, consequentemente, de interesse em retribuição financeira pelos nossos clientes.

A dica é diga sempre de forma mais detalhado possível "o que" o seu cliente precisa fazer para resolver o problema dele e deixe o "como fazer" para ele lhe pagar para informar!

19 - Gatilho da Rima e do Ritmo

"Vem para Caixa você também, vem!"

"Tomou Doril a dor sumiu!"

Vocês certamente já viram ou ouviram essas frases publicitárias. Esse é o poder da rima no marketing, ela perpetua e faz com que pouco ou nada se questione sobre o que se está entregando em uma frase curtíssima!

Essa simples rima, tem o condão de criar confiança, fazendo com que o cliente acredite que "deve ir para Caixa como todo mundo" ou "diante de uma dor de cabeça, tomar ou indicar um Doril".

Da mesma forma, independentemente, de ser rimada uma comunicação fluida, com Ritmo, calda uma sensação de conforto ao ser recebida. Mensagens truncadas e ruidosas, causam desconforto e, portanto, desatenção.

Mensagens ritmadas não são tão fáceis de se conseguir, como as rimadas, elas precisam de treinamento e sensibilidade de quem as escreve, devendo antes mesmo de serem apresentadas para aprovação, serem lidas em voz alta para correção de entroncamentos que possam possuir!

20 – Gatilho da Exclusividade

Esse gatilho foi o responsável pela criação dos Clubes! Clube do Livro, Clube do Chefe, Clube disso ou daquilo....

Bem similar ao Gatilho da Escassez, esse gatilho é utilizado para que o cliente sinta que está recebendo algo exclusivo. A estratégia é fazer com que ele se sinta o mais importante por possuir aquele produto.

Para você se sentir único o que deve possuir? Um produto Apple, um tênis Nike, um óculos Raiban?

Diversas são as marcas que agregam o sentimento de exclusividade em seus produtos, trazendo para si milhares de clientes.

Vejam os cursos de imersão difundidos nas redes sociais, pelos senhores "mentores", eles agregam características para que você se sinta exclusivo ao fazê-los:

"Você receberá todos os meses na sua casa...você fará parte de um grupo seleto de pessoas que terão aula com....você terá acesso a uma carteira maravilhosa de pessoas para networking..."

As pessoas a cada dia mais buscam ser únicas, ser reconhecidas como legais, ter status ou fama e principalmente dinheiro com isso tudo... Então se o seu produto puder agregar esse tipo de valor ao seu cliente, você já está muito na frente da concorrência!

Seja exclusivo de verdade vai!

21 - Gatilho do "inimigo Comum"

Esse gatilho é muito usado nas teorias de conspiração.

Políticos, ONGs, Defensores de Causas sejam elas quaisquer, que possuem uma boa comunicação e inteligência, conseguem conduzir massas com a criação de "inimigos comuns".

No mundo dos negócios, é muito delicado se utilizar a mensagem de que seu cliente tem um inimigo e, que esse inimigo é o seu também.

Realmente, acredito somente na utilização desse gatilho em campanhas da área de Saúde, onde os inimigos sãos os vírus, as bactérias e outros...Observem, que mesmo esse tipo de campanha vem sofrendo ataques, hoje temos milhares de pessoas que acreditam que as vacinas são uma forma de envenenamento ou engodo pelos Governos.

Eita gatilho tosco!

VOCÊ PRATICAMENTE JÁ ESTÁ PRONTO

PARA FESTA

BLOCO III

Gatilhos Logical Mind

NOS CAMINHOS DA LÓGICA

22 - Gatilho da Escolha

Você abre seu armário e tem 25 blusas, 30 calças, 50 sapatos, 15 bolsas, 21 Óculos! Por quanto tempo você permanece nele até ficar pronto para festa?

Agora imaginemos a seguinte situação:

Você abre o armário e tem 2 blusas, 1 calça, 1 sapato e 1 tênis, nenhum acessório! Você praticamente já está pronto para festa, risos! Assim funciona a cabeça do cliente, quando proporcionamos muitas opções de escolhas, dificultamos a tomada de decisão, isso porque o Gatilho da Escolha é um híbrido de emocional e lógico....

Ao longo de sua utilização, começamos a perceber que o cliente prefere ser conduzido ou orientado em suas escolhas; portanto estruturas como a seguir apresentada, funcionam muito:

"Eu já passei por isso, e sai dessa situação, utilizando esse recurso, sendo assim, siga esse caminho, conforme dublagem orientar e alcançará seu objetivo!"

Esse tipo de campanha é muito utilizadas em vídeos de vendas nas redes sociais e no YouTube porque são testadas e há comprovação do seu grande poder de resultado.

Cuidado com os profissionais do Gatilho de Escolha que usam essa estrutura, mas que, porém, nunca produziram produto, nunca venderam, nunca empreenderam, nunca sequer tiveram uma folha de pagamento para quitar no quinto dia útil do mês, e ficam indicando caminhos para glória!

22 – Gatilho do Constraste

Ultimamente, esse é o gatilho que mais tenho visto sendo utilizado no Instagram e no Facebook pelos que se dizem "grandes vendedores digitais". Porém, mesmo já tendo utilizado nas estruturas de marketing para alguns produtos e negócios, tenho realmente me surpreendido tanto pela agressividade como estão o utilizando, quanto pelo valor de âncora e de preço final do produto utilizado.

Essa situação, faz com que reste comprovado que o presente gatilho, mesmo sendo simples, traz em seu escopo uma complexidade, que fazendo com que não consigamos imaginar onde possa chegar.

Vou lhe explicar!

A estrutura é simples, você âncora um valor superestimado para seu produto, porém dentro de uma realidade, por exemplo: "A minha Mentoria Gold poderia ser vendida por R$ 5.000,00". Em seguida você aplica o bônus de contraste, seguindo: "mas, você não vai adquiri-lo hoje por esse valor, nem por R$ 2.000,00". Aiiiiiiii, você cria o contraste máximo de vantagem, assim: "porém, nesse mês, você investirá somente R$ 870,00, com direito a 3 conferências bônus de mais de uma hora".

Simples a estrutura não? Em seguida, iria propor cuidado com a supervalorização do número inicial (Âncora) onde seria aplicado o desconto. Mas, aí está a surpresa que tenho passado, talvez por qualquer evolução comportamental nas redes sociais, as quais confesso que ainda não consegui detectar, tem virado hábito e consequentemente trazido resultado, valores De Âncora absurdos, que fazem com que o valor final de contraste também seja absurdo!

Cheguei a pensar que isso deixaria o produto aos olhos dos clientes mais exclusivo, ou elevasse a outro nível o mentor agregando valor a sua mentoria, pois se ela está nesse nível de preço deve ser muito boa,' pode pensar o cliente, mas ainda não consegui uma definição conclusiva.

Deve estar curioso, quão absurdos sãos esses valores não é? Pois bem, se ainda não viu, temos mentorias que começam com R$ 50.000,00 e a vão até R$ 1.500,00, em um mesmo mentor, cada qual com seus produtos agregados. Mas se eu pago R$ 50.000,00 por uma mentoria, quanto pretendo investir em meu negócio? E se eu tenho esse valor para uma mentoria, não é porque de certa forma eu já estou tendo resultados nos meus negócios?

Tenho associado esse tipo de campanha a aquelas utilizadas por algumas igrejas para recolher os dízimos de seus membros. Você pode ter um determinado retorno e lugar no céu, dando seu salário do mês (sua fé é grande, a ponto que faz você acreditar que será ajudado a sobreviver sem o mesmo), pode ter outro retorno no céu e na Terra, dando sua casa em oferta (ora, se você dá a sua casa, a sua fé é enorme e você vai receber outra casa maior de ajuda divina).

Sempre acreditei que esse tipo de fé demonstrada, na verdade não se trata de fé é sim aposta, que tem mais relação com ego (realizações próprias, materiais) do que com crescimento espiritual! Lembre-se dos Pecados Capitais!

Esses são os mesmos que devem nortear sempre para a

criação de uma estrutura de marketing objetivando realização de negócios, de vendas!

Por fim, para lhe deixar um pouco chateado, vale lhe informar que aquelas McOfertas se utilizam do Gatilho do Contraste toda vez que ao final da sua compra você é perguntado se quer aumentar o tamanho da batata por R$ 1, 00.Você já percebeu que em algum momento, que você quase não pensa para aumentar o tamanho da batata? Ora, se você já pagou mais de R$ 30,00 por uma McOferta (Âncora) o que seria R$1,00 para aumentar a batata? (Contraste).

23 - Gatilho do Se...Então

Determinado dia, de minha adolescência, saí com amigos para fazer uma corrida matinal, de fim de semana. No meio do percurso, vimos um barranco, bem alto, mas que tinha abaixo dele uma areia branca de praia, que se espalhava pela encosta. Um apontou para o outro e apostamos quem chegava primeiro no alto do morro.

Todos já sem tênis. Um dos amigos virou para mim e falou: "se você pular, eu pulo". Conclusão, uma tíbia quebrada, 4 meses de gesso do pé ao fim da coxa...Foi nesse dia que eu descobri quão poderoso é esse tal de "se...então"

Imaginem, ele foi capaz de me fazer me jogar de um morro, o que seus clientes fariam por você utilizando corretamente esse gatilho? Essa estrutura tem todo esse poder, por estar implantado dentro de nós, ao ponto de você poder usá-la utilizando apenas o "se", deixando o "então" intrínseco!

"Se você fizer isso, você vai arrebentar!"

"Se você fez isso, é porque queria que acontecesse"

Quer convencer alguém de algo, utilize o "se...então", e quando estiver assistindo àqueles vídeos no Instagram, Facebook ou YouTube fique ligado nessas estruturas lançadas pelos "sinistros".

24 – Gatilho da Justificativa

Fila enorme do mercado, você com o carrinho cheio e chega uma senhora com um saco de pão e um pacote de café e fala que precisa correr para chegar em casa porque a neta está chegando do colégio e pede para entrar na sua frente.

Sempre que me aconteceu isso eu respondi: se o pessoal de trás não se importar, pode sim.

E a turma de trás nunca se importou!

Poderoso isso não é? O Gatilho da Justificativa talvez seja sim o mais poderoso, porque ele de forma clara e lógica informa ao seu cliente o porquê dele tomar determinada decisão. E é justamente o "porque" a palavra mais utilizada nas esteiras que se valem desse gatilho.

Há um tempo, utilizava-se esse gatilho não só para possibilitar essa conexão lógica da escolha, mas também para reduzir atritos de comunicação ou da ação de persuasão, então, a estrutura de um vendedor atual das redes sociais, utilizando uma linguagem antiga, seria essa:

"Se você quer fazer o nosso curso, com duração de um final de semana, de total imersão, tendo a experiência de ter aula com os melhores profissionais do mercado, em dropship, esse pode ser o melhor momento da sua vida. E agora vou te apresentar porque:

Porque baixamos o preço do curso de R$ 1500,00, para R$

500,00 parcelados em 5 vezes sem juros!"

Agora vejamos, como este mesmo vendedor das redes sociais, faria essa mesma construcao, utilizando os padrões e as linguagens atuais:

"Cara, você não pode deixar de fazer esse curso, chamamos diversos players monstros do mercado de dropship, para passar um fim de semana de total imersão com você, passando as suas experiências mais brabas, e você sabe por que você não pode deixar de fazer esse curso? Por que você está aí dando mole sem fazer nada para ninguém o dia todo e porque o preço do curso baixou, simplesmente porque eu quero. Levanta a bunda dai e segue o baile!"

Observem, que a estrutura é a mesma, porém entrou um Gatilho novo, e quase ninguém percebeu!

E agora eu considero o auge desse manual, a novidade, que ainda não foi introduzida por nenhuma obra sobre Gatilhos Mentais, que ruflem os tambores.... (Risos), deixe eu fazer minha propagando e ganhar minha autoridade...por favor!

Senhores e senhoras estou falando do Gatilho da Disrupção

Esse gatilho, não tem a pretensão de derrubar uma ordem pre-estabelecida, ou seja, ele tem um compromisso com as estruturas de gatilhos preexistentes, mas introduz o novo, coexistente na mesma realidade.

Então, ser reacionário, revolucionário em determinados termos (gatilhos) causa influencia para ser seguido, desejado, almejado, causando resultados diretos nos negócios. Não há mais necessidade de uma justificativa polida, inventiva, mas tão simplesmente porque o autor da comunicação diz que é bom porque ele acredita ou porque ele quer, simplesmente porque ele tem autoridade para fazê-lo.

Passaram a ser gatilhos, palavras coloquiais, despretenciosas, de baixo calão, aquelas que aproximam ao maximo ao comunicador da realidade de quem o assiste. O que temos visto é que a disrupção tem influenciado na gestão, na cultura, na inovação, etc, e tem inspirado muitos empresários e empreendedores tradicionais a sair do lugar comum.

Talvez seja pelo fato de apresentar uma maneira diferente e melhor de fazer algo que muitos precisavam, mas não tinham. Talvez pelos resultados que estão tendo e mostrando que é possível fazer diferente, assim esse gatilho está em verdadeiro processo de criação, evolução e introdução, tendo como ordem a falta de ordem!

25 – Gatilho da Garantia e Reversão de Risco

"Perca peso em 30 dias ou ganhe seu dinheiro de volta"

Sou fã das campanhas da Polishop, esses caras sabem usar Gatilhos Mentais! Com esse gatilho, qualquer objeção que estivesse causando dúvida em relação a compra, deixa de existir como em passe de mágica. O cliente tem se interessado muito por fazer um curso em plataforma digital, esse curso está em um preço bom para ele, e as únicas preocupações que restam é se esse curso é bom ou não "e" se servirá para ele ou não.

A compra passa a ser facilitada com a expressão, satisfação garantida ou devolução integral do seu dinheiro em até 30 dias, essa frase se tronou "padrão" no marketing digital.

Há quem dê mais prazo para essa garantia, outros até garantia eterna, a experiência tem mostrado que quanto maior o prazo da garantia, maior o número de vendas e menor o número de devoluções, é como se o vendedor tivesse a certeza que seu produto é tão bom que ninguém irá querer devolve-lo, e consequentemente não se utilizar a garantia.

Cara, caso peçam o dinheiro de volta, a dica é não enrolar o cliente, devolva e devolva logo, e se livre do cara, quem pede dinheiro de volta é cliente "cricri", geralmente adoram frequentar os corredores do judiciário!

Garantias curtas não são boas, geram uma contagem regressiva inconsciente, fazendo com que o cliente esteja atento ao prazo da mesma.

Cabe, por fim, trazer aqui um texto altamente disruptivo, coletado de um desses grandes líderes de audiência das redes sociais, que talvez busque dar uma resposta a algum cliente insatisfeito com seu produto e que tenha se utilizado do direito de reversão, por alguma insatisfação:

"Auto-responsabilidade: porque gente rica não pede reembolso? Como assim, @...?

Simples: comprou uma parada e se arrependeu? A culpa foi sua de ter tomado a decisão errada.

Auto-responsabilidade. Não adianta dizer que o produto não funcionou, que você esperava mais, que o pós-venda foi fraco e que a propaganda é enganosa, etc.

Quem te vendeu o produto não colocou uma arma na tua cabeça para tu comprar.

Quem tomou a decisão foi você então tome responsabilidade pelas tuas decisões.

O mundo não é um joguinho de vídeo-game onde você tem

chances infinitas de passar de fase do apertando o botão "RESTART".

Se arrependeu? Tomou no cu por ter comprado o produto errado? Entuba a dor, respira fundo, passa um remedinho e vira a página.

Algumas pessoas mais avançadas risk-taker e antifrágeis que eu conheço bem do POKER ou do MERCADO FINANCEIRO. Comprou a ação errada o mercado perdoa? Foi all-in na mão errada, será que a mesa te da reembolso?

Acorda pra vida, caralho!"

26 – Gatilho da Simplicidade

Se o seu produto precisa de longas linhas e longas teorias para ser explicado, seu produto tem grande possibilidade de não ser um bom produto para venda, ou quem está fazendo seu marketing não é um bom profissional e não trará resultados!

Simples assim!

27 - Gatilho da Polarização

Nosso Manual está chegando ao fim, e infelizmente temos que passar por esse gatilho, que ao longo da história foi utilizado por diversas vezes para o mal da humanidade, de Roma a Adolf Hitler, até a disputa entre a esquerda e à direita no Mundo, sendo assim aqui também no Brasil....

Prefiro parar por aqui, sabendo que já lhe consegui explicar do que o mesmo se trata e orientar que caso deseje, busque em outra literatura informações maiores sobre esse gatilho.

Ao longo desse manual, já critiquei demais a utilização de gatilhos por determinadas pessoas, personalidades, ou de determinada forma, mas não me eximi de explicá-los porque

tais gatilhos tinham também seu lado positivo de uso, porém não consigo ver no gatilho desse capítulo, que possibilita a divisão de massas, um objetivo para o bem.

Tenho dito!

Histórias, Storytelling e Gatilhos Mentais

"O storytelling é o elemento mais poderoso que você pode utilizar para ativar todos os gatilhos mentais de forma automática e poderosa na mente das pessoas."

Não podemos chamar as histórias de gatilho, porque esses instrumentos podem (devem) abarcar em todo seu escopo diversos gatilhos em perfeita e poderosa ação.

O gatilho mental da Storytelling tem o condão de facilitar a compreensão e a memorização das informações, tanto assim que temos relatos de histórias contadas a milhares de anos pela humanidade.

Aristóteles já escreveu conselhos sobre como contar uma história: "deveria ter um começo, um meio e um fim. Deve incluir uma variedade de personagens realistas, alguns dos quais sofrem pelo menos uma reversão de fortuna."

Utilizando-se de aparelhos de medições, cientistas descobriram que quando pessoas ouvem uma determinada história, as partes do processo da linguagem em nosso cérebro são ativadas e sete regiões.

Fato é que, se for necessário, nossas mentes inventarão coisas que nunca aconteceram simplesmente para manter a narrativa unida, porque a narrativa é um princípio básico de organização da memória.

A Disney sempre se utilizou desse poderoso instrumento, são gerações crescidas assistindo, ouvindo ou lendo as suas histórias. Gerações com sementinhas semeadas em seu sub

Consciente, puderam criar personalidade, fomentar emoções e introduzir conceitos lógicos desde a tenra infância.

Sou um fã incondicional de Walt Disney!

Quer conquistar seu cliente? Aprenda a contar uma boa história! Entendo que no mundo só aja uma profissão: a de vendedor. Vendemos comprando pão na padaria, no trabalho, com nossos filhos temos sempre que nos utilizar de técnicas de venda, principalmente o ganha-ganha, com nosso cônjuge não preciso nem falar. Então, precisamos todos saber contar histórias!

Em quase todos os capítulos, desse querido manual, contei-lhe as minhas histórias, para lhe dar noções de Gatilhos Mentais, essa é a didática que acredito e dela não abro mão!

Existem sim técnica e elementos que definem uma boa história, existem escritores que defendem um e outros que defendem outro modelo, eu defendo o contar história, de forma estruturado, com um personagem forte, em riquezas de detalhes, isso sim transforma a quem houve e faz vender, exemplos de modelos de história:

• jornada do Herói;

O herói desse modelo é sempre aquele com que você fala, ele é o verdadeiro protagonista da história, enquanto você é o mentor. São três as fases da estrutura básica desse modelo:

1 – O herói vive sua vida normalmente até que algo acontece (saca aquele chamado do Batman? Pois é!) nesse momento ele deve decidir se sai do seu estado normal e atende ao chamado.

2 – Sempre há uma relutância em aceitar esse chamado e encarar o desafio.

3 – O herói encontra seu mentor e aceita a missão.

4 – A história estará repleta de obstáculos e desafios, por vezes o herói pensa em desistir, mas por estar comprometido se mantém na missão.

5 – O herói encontra a fórmula para vencer os desafios que surgem e quase o derrotam.

6 – Ao aceitar a mudança o herói vence os obstáculos e conclui a missão com êxito.

7 – O herói retorna a vida normal e ganha a admiração de todos que o cercam.

8 – A vida do herói nunca mais será a mesma, a missão o transforma e lhe faz perceber sua missão no mundo.

Não podemos deixar de lembrar dos anjos (companheiros, parceiros) que se dispõe a seguir e ajudar os heróis em suas trajetórias, tampouco os demônios (inimigos, vilões) que a todo instante pretendem derrota-los.

• jornada do inimigo público comum;

Ele é usado para colocar a culpa de problemas de sua audiência em algo que seja comum a todos. Ao fazer isso, retira-se um peso das costas do seu cliente e se coloca em algo abstrato e representado por um coletivo, nunca um indivíduo.

Por isso se usa frases como:

"Se você não é um dos nossos você está contra nós", "você claramente não é um deles".

O "bizu" é tentar reunir todos de um lado (o seu) contra um inimigo, criando um vínculo entre todos.

• O triunfo do vira lata;

Essa narrativa busca colocar todos (narrador e público) no mesmo nível, com intuito de demonstrar que todos podem conseguir alcançar um objetivo, desde que façam a coisa certa.Que não precisa ser um "galático" para se obter bons resultados (assim como ocorreu com o contador da história).

A estrutura dessa jornada geralmente segue esse modelo:

1 – Comece antes com a sua luta e dificuldade;

2 – Conte como era no início, antes de saber inquérito sabe;

3 – Conte todas as suas derrotas, de forma caricatural, ajuda a aparenta-lãs maiores;

4 – Incentive os outros a fazer mais;

5 – Mostre que nem sempre as coisas deram certo para você também.

Poderíamos ainda citar outros modelos como:

• A história da grande descoberta;

• Não encontrei a solução, então criei;

•Nós somos parecidos;

•Herói por acidente;

• Do fracasso a fama.

Ao se contar uma história, a narrativa deve conter, no mínimo, os seguintes elementos:

•Razão para a sua história

- Personagem principal (herói)

- Comece com um conflito

- Estrutura

- Criação de consciência

- Viralidade

Todos os vendedores/mentores de redes sociais e YouTube contam suas histórias de vida baseados nesses modelos, mesmo os mais disruptivos, não fogem de um ou outro.

Deixo para você se aprofundar nessa técnica em pesquisa própria, pois cada uma daria individualmente um outro livro.

Queria, por fim, chamar atenção para o elemento mais importante de uma narrativa, o Personagem. Devem ser características de uma história:

- Seu começo deve introduzir um personagem com um problema que seu produto ou serviço resolva. Esse problema é o conflito.

- O meio deve envolver um personagem adotando sua solução. Este é o ponto alto do enredo da sua história.

- O final deve mostrar o personagem que se beneficia do uso da solução. Essa é a sua resolução.

 Agora vamos dar aquela "canja" para vocês, por favor não

se acostamento! Listaremos a seguir dicas poderosas de copywriting para cada mídia:

Copywriting de:

1 – Facebook

• Coloque a mensagem central da postagem na imagem;

•Sempre que possível use a palavra "novo";

• Reforce o gatinho mental da urgência;

• Para post que precisam de contexto, use em torno de 80 palavras;

• Para mensagens curtas use no máximo 5 palavras;

• Faça uma pergunta relevante que leve a resposta que você deseja.

2 - e-mail

•Use uma linguagem que estimule ações, com verbos e imperativos;

•Desenvolva uma copywriting para cada segmento da sua lista;

• Priorize clareza sempre;

• Alinhe sua copywriting do assunto e do corpo do e-mail;

• Mostre a relevância do conteúdo rapidamente;

•Adicione um toque pessoal, as pessoas preferem mensagens menos comerciais.

3 – Twitter

• Mostre que é algo novo;

•Enfatize urgência;

• Diminua seu CPA com twitters usando 40 a 60 carácteres;

•Twitters com perguntas tem CPA 9% menor e uma conversão 16% maior;

•Verbos geram mais compartilhamentos do que substantivos ou adjetivos;

• Se for mostrar descontos, percentagens trazem melhor retorno.

4 – Instagram

•Mantenha as informações importantes dentro das primeiras 4 linhas para não serem cortadas;

•Para o restante do espaço da descrição coloque informações extras, menções @ e #;

•Faça pergunta para aumentar o engajamento;

●Limite o uso de hashtags em torno de 5;

● Use uma voz mais divertida e lebre, mostrando o lado humano;

● Use emoji para dar mais personalidade a postagem.

5 – LinkedIn

●Use uma linguagem mais séria e com termos técnicos;

●Mantenha os títulos com menos de 70 carácteres pada não serem cortados;

●Inserir mensagens aumenta em 98% a taxa de comentários;

● Post sobre "como fazer" e listas tem bom desempenho.

6 – Site

●Use headlines que já indiquem os benefícios que você oferece;

●Mantenha o texto escaneável;

Contribuições finais:

Os reis dos Gatilhos Mentais, os Gatilheiros:

Site: Globo.com (Geyse Arruda e companhia que o digam)

Pessoas: @raiam, @rochaerico, @paulovcoach

Celebridade: Nana Gouvea

Evangelizadores, Horóscopo, Mãe Diná

Políticos: Donald Trump, Bolsonaro, Lula

Lembrei o nome do filme: "Blade Runner 2049

Sobre o Autor

Sidiney Costa nasceu em onze de abril de mil novecentos e setenta e três. Em 1990 entrou para a escola preparatória de cadetes do ar.Ingressou na academia da força aérea em 1992 e entre 1995 e 1998 foi aprovado em aproximadamente 20 concursos públicos. No ano de 1997 ingressou pela universidade estácio de sá no curso em graduação em ciências atuáriais.

O gosto pela escrita lhe faz ser um observador de temas e assuntos presentes na web e ao escrever "Manual de Gatilhos Mentais para Leigos" Sidiney Costa apresenta muitas curiosidades neste seu primeiro livro que além de apresentar um tema bem interessante, oferece aos leitores a oportunidade de discutirem algo de muito impacto na atualidade.